"Amor Que Perdura"

Las Poesías de Pipo

Autor
Albino H. González
Montesinos

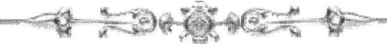

Lanzado a la Publicidad
Por
Rina A. González

"Amor que Perdura"

Las Poesías de Pipo

Autor
Albino H. González Montesinos

Lanzado a la Publicidad por
Rina A. González

ISBN # 978-0-9792408-8-1

Créditos Artísticos:

Colaboración de Diseño, Arte ~ *Flora González de Nuñez*
~ *Rina A. González*

Derechos Reservados © 2010

Todo derecho es reservado por el agente del autor. Ninguna parte de esta publicación puede ser reproducida, almacenada en un sistema de recuperación o ser transmitido através de ningún medio electrónico, mecánico, fotocopia, grabación o cualquier otra manera, sin permiso previo del agente del autor.

Flora y yo

Índice

Dedicatoria	9
Prologo	11
A mis hijos	15
Margarita	17
A mi Patria	19
El norte y yo	21
A mi Rosa	25
Quiero ser como el viento	27
Suplica	31
Cuba	33
Prologo a Florita	37
Amor que Perdura	43
Estudia y no me partas la cara	45
Sueño y Corazón	47
Prepara bien tu destino	51
Iluso Corazón	53
Ventana e Ilusión	55
A Manuel	57
Recuerdo y Esperanza	59
Madre del Alma Querida	61
Iris del cielo	63
Paquita	65
Despedida	67
Por mi Patria y por Marti	69
Verso en una Postal	71
Ansiedad	73
Romance	77

Flora y Manuel

Dedicatoria

Si mi padre estuviese vivo, sin duda alguna él dedicaría este libro a su amada esposa, a sus 5 hijos, 18 nietos, 29 bisnietos y 3 tatara-nietos.

Con la publicidad de este libro intento dar a conocer el noble sentir, la risa y los profundos cimientos de este profundo hombre. Yo, como tanto de sus descendientes, gozamos de su nobleza, su amor y su don de risa, así como muchas de sus habilidades artísticas.

Aunque su obra literaria quedo incompleta, considere que el no dar esta a conocer seria egoísta de nuestra parte. Nuestra madre 'Mima', la guardo por años, como recuerdo de un 'amor que perdura'. Hoy al volverlas a leer, después de tanto tiempo comprendo que lo que tenemos en nuestras manos es 'la historia de amor de nuestros padres'.

Somos los herederos de su legado, entre los cuales se destacan, brillantez artística, notas de alegre risa y el don genial que todos compartimos. Y cómo poder olvidar el espíritu indomable prendido en cada una de nuestras personalidades.

Mi deseo es que al ustedes leer esta obra sean testigo de una bella historia de amor. Como también deseo que el profundo amor que ellos tuvieron el uno por el otro se esparza entre todos y que esto sea motivo para sentirnos orgullosos de nuestras raíces y que sepamos mantener su bello regalo vivo para las generaciones venideras.

Con amor, *Rina*

La familia González-García
Foto tomada por Pipo en enero, del 1954
El Sevillano, La Habana, Cuba
Primer Cumpleaños de Margarita.

Prologo

Este libro contiene la breve obra literaria de mi padre, Albino H. González Montesinos. Durante uno de los períodos más fuertes de su vida se vio forzado a tomar la decisión de abandonar su amada familia y su linda Cuba y viajar solo a Nueva York, donde rápidamente abrió su negocio como diseñador y engastador de joyas finas en el Distrito de Diamantes de la Cuidad de Manhattan.

La soledad y nostalgia de su primer inverno en Nueva York separado de su esposa, cinco hijos y de su Cuba adorada, reunieron las condiciones necesarias para que este ser pudiera moldear y esculpir palabras en rimas.

También es digno de que a través de la publicación de su obra, nosotras, las hijas de Albino H. González Montesinos y de su esposa, Rina A. García de León, González, rindamos homenaje a la memoria de estos dos seres que en vida, tuviésemos el privilegio de llamar 'Pipo y Mima'. Hoy deseamos darles las gracias a ellos por lo mucho que se amaron y por lo mucho que nos amaron a nosotros.

Como hija de este talentoso y noble hombre, me siento agradecida de ser la llamada a dar el lanzamiento de su obra literaria. Mi padre fue un hombre apasionado y como tal era amante de la belleza. Su amor, dedicación y habilidades artísticas son insuperables. Hoy veo como su legado es parte de quienes somos y esto me enorgullece.

Pipo fue un hombre cariñoso, considerado, brillante, divertido y simpático. Fue un hijo y hermano ejemplar, fue buen amigo. Pipo era amoroso, tierno y que nunca olvidó que la risa es la mejor medicina. El dedicó su vida a amarlo todo; incluso, a los malos momentos pues aunque por dentro su corazón estuviese en pedazos, el se reía.

Sin embargo, lo que más admiro de este inolvidable hombre es el profundo amor que tuvo por su esposa, mi madre.

Mi deseo es que al usted leer esta obra, pueda sentir la energía de amor que en ella vibra y a medida que su pasión despierta, llegue a comprender la magnitud de su poderosa energía, la cual llevamos todos sus descendientes y es la que nos hace continuar soñando, creando y amando la vida.

Sinceramente, su hija,

Rina A. González

*Los cinco hijos de Mima y Pipo
Graduación de Junio, del 1956
Días antes de nuestra llegado a Nueva York*

A Mis Hijos

La Habana, 20 de septiembre del 1955

Con Flora, Rina y Manuel,
Yo a mis versos quiero dar,
La fragancia de un vergel
En su rima natural.

Sin Rosas y Margaritas
Ningún verso rima bien,
Tan solo son floreritas
Acabadas de nacer.

Para ustedes mis cariños
Mis versos, mi inspiración
Y les pide mil perdón
Este, su padre cual niño.

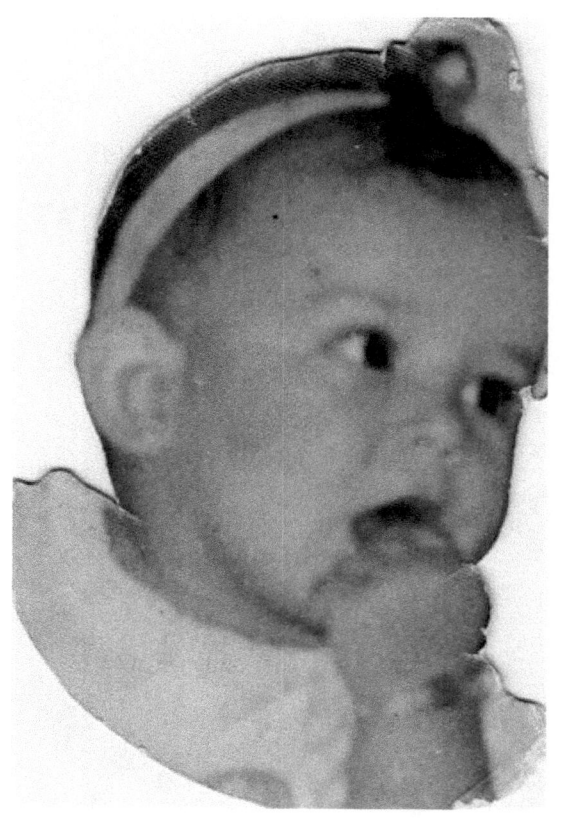

Margarita

Margarita

La Habana, 20 de Septiembre del 1955

Margarita, linda flor y muy bonita
Agua limpia del querer,
Raudo vuelo de conquista,
Gran suspiro de mujer.

A todas horas tu risa carcajeas sin cesar,
Risa alegre ¡Que chiquita!
Igual que tus hermanitas traen consigo un pensar.
Tienes Manuel que ayudar a tu hermana, Margarita.

Bandera y Escudo Cubano

A Mi Patria

La Habana, 20 de Septiembre del 1955

Cultivo mis pobres versos
Para mi Patria adorada
Con la fe de aquel preso
Que lo dio todo por nada.

Versos que al decirlos quiero
Dar toda mi inspiración,
En un recital sincero
Que me llena de emoción.

Yo comparto con los cuerdos
La alegría del vivir;
Si la vida de los muertos
En la Patria han de existir.

Que importa que la hermosura
La nube quiera quitar
Si a través del ventanal
La alegría es rauda y pura.

Floridas son las montanas
A la orilla del Gran Rió
Linda se vera mi Patria
Sin la sombra de un hastió.

Edificio Empire de la Cuidad de Nueva York

El Norte y Yo

Queens, Nueva York, 8 de enero, del 1956

I

Norte de frías mañanas
Y de noches de quimeras,
Más frías que tus mañanas
Son mis noches y mi espera.

II

Dos meses con ocho días
Y lo espeso del camino,
Mas, le ruego al Dios divino
No prolongue mi agonía.

III

Que larga se hace la espera
Y el sufrir tanta agonía.
Dejar la familia mía
Es igual a una condena

IV

O, Norte, deja soñar
Con mis niños, con mi esposa
Para ver cosas hermosos
Y las campanas sonar

V

Sin ellos no hay alegría
Y en mi pecho hay dolor;
Soy un padre que confía
En la fe puesta al Señor.

VI

Creen que ya estoy calmado
Sin mis hijos, mi mujer;
No saben cuanto he llorado
Y ansió volverlos a ver.

VII

Los Reyes: juguetes, cosas;
Acabaron de pasar,
Yo; sin mis hijos y mi esposa
Sin poderlos ni mirar.

VIII

Por eso Norte; te pido
Que en tu tierra hospitalaria
Tiendas la mano; el camino
A este padre en su plegaria.

IX

Las gracias doy al Señor
También a mis hijos y su madre
Por darle paz a este padre;
Ya en mi pecho no hay dolor.

Con cariños,
A mis hijos y mi esposa,

Rosa

A Mi Rosa

Queen, New York, 14 de febrero, del 1956

Pensando que soy poeta,
Me pones en grave trance,
Más; tratare una cuarteta
Ya que me das ese chance.

Hoy versare a mi Rosa,
Como si poeta fuera,
Que chiquita más graciosa;
¿Ya no tiene las paperas?

Las gracias doy al Señor
Por tanta sabiduría,
De Rosa; ver su esplendor
Y hacerle esta poesía.

Y mirando por doquiera,
Cuiden mucho a Margarita;
Tu mamá y tú Rosita
No le cojan las paperas.

Cariñosamente,
A mi hija Rosita.

Amor Que Perdura

Flora Montesinos Felipez de González
Nuestra Abuela Paterna

Albino H. González Montesinos

"Quiero Ser Como El viento"

Queen, New York, 14 de febrero, del 1956

Quisiera ser como el viento
Y la distancia salvar
Y poderme transportar
Raudo por el firmamento.

Si, que al mirar el firmamento
Quede truncar la distancia;
Quisiera tener la infancia
De un niño, en este momento.

Y escuchar mi madre atento
Sus consejos y mirar;
Cual agua de un manantial,
Dar sus plegarias al viento.

Cual agua de un manantial,
Siempre feliz y contento,
Quiero a mis hijos besar,
Hasta mi último aliento.

Y por tanto sufrimiento;
Es que pienso en la niñez,
Su ilusión: mejor momento,
Del hombre; más no lo ve.

Y rápido como el viento,
Tenga siempre yo a mi lado
A mis hijos idolatrados
Y mí adorado tormento.

Publicado por Rina A González

Amor Que Perdura

Porque tanto sufrimiento
Me trastorna, me aniquila,
Una ilusión me domina;
Quisiera ser como el viento.

Felescindo González Yglesias
Nuestro Abuelo Paterno

Mima caminando por las calles de La Habana

Albino H. González Montesinos
"Suplica"

Queens, New York, 15 de febrero, del 1956

¡ Que vida la vida mía ¡
No lo puedo remediar,
Ver de las horas el pasar
Y con ellos todo el día.

Mirar la familia mía
Tan solos, causa dolor,
Más te pido redentor
No prolongues mi agonía.

A todas horas Señor
Señor que todo lo puedes,
Mires en tu derredor
Y salves tú, estos seres,

Si el hombre con su sufrir;
Esta libre de pecados
La libertad me he ganado
Sin tenerte que mentir.

Más lo imploro a tu poder
Y con fe nunca mentida;
Espero cambies mi vida
De mis hijos y mi mujer.

Y aquí los pueda tener
Siempre feliz y contentos;
Plegarias que por doquier
Rasgaran tu firmamento;

Publicado por Rina A González

Amor Que Perdura

De este padre, sin tormentos
De sus hijos y su mujer.

Cariñosamente a ustedes,
Mi Mayor Tesoro

Albino H. González Montesinos
"Cuba"

Queen, New York, 25 de febrero, del 1956

" La Patria es Ara no Pedestal "

¡ Cuba mi patria querida ¡
¡ Cuanta tristeza y dolor ¡
Nunca haz sido gobernada
Con dignidad ni pudor.

Tus hijos que con valor
Ayer sus vidas te dieron
Y que gloriosos muriesen
Dando gracias al Señor.

Ayer; contra el español,
Fue que ofrendaron sus vidas
Regando con su sangre amor
Y al final volviste a la vida.

Todos, su sangre te dieron
¡ O ¡ Cuba; por tu libertad
Que con valor conquistaron
Mas; hoy Señor, ¿Dónde esta?

Hoy no es un invasor
El tirano que te oprime;
Son tus hijos; y es un crimen,
Y causa mayor dolor.

Martí, que fue el redentor
Y morir por ti quería;
Allá: en Dos Ríos caía
Con su cara frente al sol.

Publicado por Rina A González

Amor Que Perdura

Maceo el gran gladiador
Hizo repicar campana
El también murió; en La Habana
Ejemplo de su valor.

Si tantos héroes; ven tu dolor,
Producto de la codicia
Volverán y con justicia
Sus machetes al traidor.

Por que todos ¡ O ¡ Señor
Los gobiernos que has tenido
La juventud ha corrompido,
Sin importarle su error.

Hoy mismo, en tu derredor;
Ya no se ve patriotismo,
A tus hijos les da lo mismo,
Ser cobarde que traidor.

Desconocen el perdón
O si Cuba sufre o llora;
Son dragones que devoran,
El tesoro y la nación.

Y por tanto desamor
Vamos todos, ¡ A luchar ¡
¡ Tu pueblo batallador ¡
Por la fe y moral pérdida…

Y alegre podamos gritar
¡ Viva Cuba ¡
¡ Viva mi Patria Querida ¡

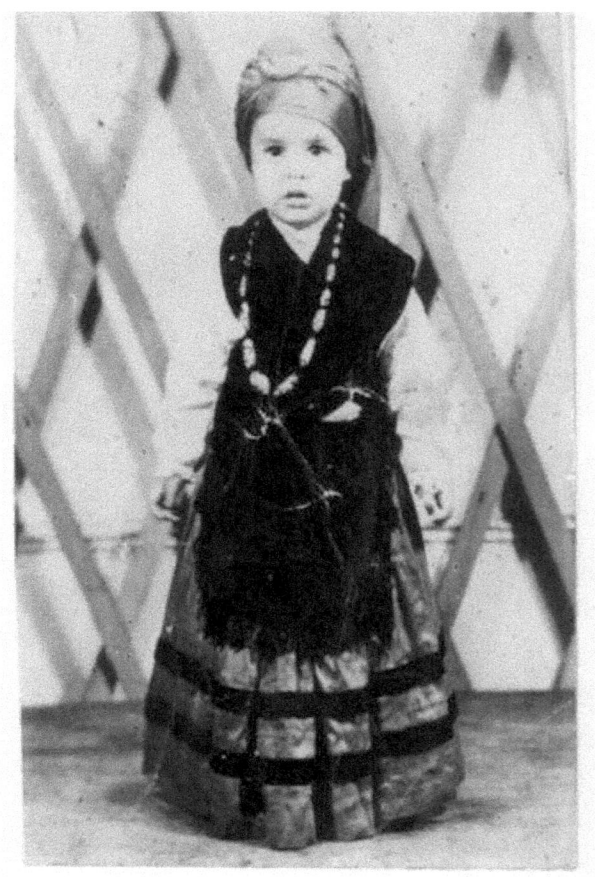

Flora

Albino H. González Montesinos
"Prologo a Florita "

Queen, New York, 3 de marzo, del 1956

Me elogias y en simpatía
De una hija por su padre;
Más tratare bien que cuadre
Y te haré una poesía.

¡Esperanza!

Yo tengo como consuelo
A mi larga soledad;
La esperanza, como el cielo
Virgen de la Caridad.

Además, tengo en mi cuarto
Imagines que son primores,
De fragancia como flores.
Que contemplo en sus retratos.

Son de mis hijos el mirar,
Que contemplan mi sufrir,
Tal parecen preguntar;
Cuando ellos, han de venir.

Más, yo espero virgencita;
Virgen de la Caridad,
Pueda traer para acá,
A ti y tus hermanos Florita,
Y también a tu mamá.

Cariñosamente, a mi hija Florita.

Publicado por Rina A González

Foto de Mima y Pipo en estado de Flora

*Foto de Mima con Flora en brazo y nuestra prima
Leonor de la mano en estado mío*

Mima en estado de Manuel con Flora y yo de la mano

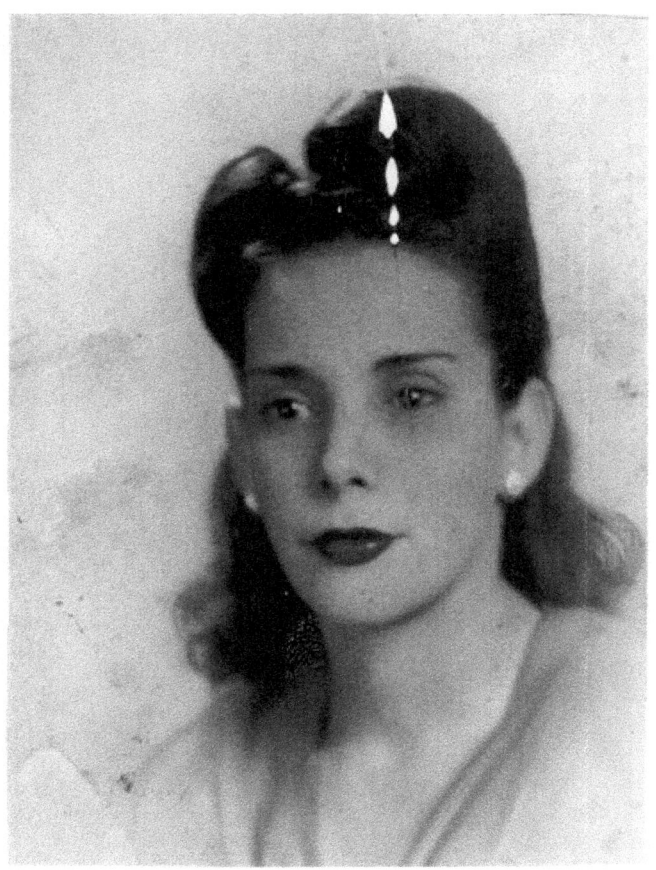

Rina A. García de León

Albino H. González Montesinos

"Amor que Perdura"

Queens, New York, 3 de marzo, del 1956

Desde el día que te encontré
Y te vi por vez primera,
Lo confieso; mi alma entera,
Tras de tu amor se me fue.

Hoy recordando mi amor,
Y el día que te conocí;
Aun mantengo aquel calor
Que sentí entonces por ti.

Y para mayor orgullo;
Como premio a nuestra unión
Tengo cinco hijos tuyos ~
Cuatro hembras y un barón;

Ellos son nuestros capullos
Y tú, la dueña de mi Amor.

Flora, Manuel y yo

Estudia y no me partas la cara
Soneto a Julio

Queens, New York, 4 de marzo, del 1956

Tú la empiezas, yo concluyo.
Y en esta, mi rima repara;
¿ Porque en ese verso tuyo,
Quieres partirme la cara ¿

Y si me partes la cara,
Talvez, no será culpa mía,
Yo se que lo sentirás,
Que tu mano se maleara.

Seria cosa muy rara,
Que me entraras a galletas;
Deja, no me partas la cara

Estudia bien las libretas
Para tener mente clara
Cuando hagas las recetas.

Manuel y yo

Albino H. González Montesinos

Sueño y Corazón

Queens, New York, 3 de abril, del 1956

I

¡ O ¡ ¡ Dulce sueño cual feliz me haces
Trayendo a este corazón paz y alegría ¡
Anoche trajiste la familia mía;
Que aun siendo en sueño me complace.

II

Sabrás, dulce sueño, me estremezco
Por no ser realidad el cruel engaño.
Mi pobre corazón, que no me pertenece
Sufre la desilusión y como niño llora.

III

No me pertenece, por que en el hay flores;
Flores en plena primavera.
Es de ellos el corazón y mi alma entera
Y a pensar en ellos mi alma me conduce.

IV

Más, ~ por creer en los sueños que enternecen
Te pedimos los dos como mendigos
Conviertas en realidad lo sucedido
Porque esa ilusión fugaz se desvanece.
Mi pobre corazón llora conmigo
Hacedlo por piedad; sueño y fenece.

Publicado por Rina A González

Con todo mi cariño,
A mi negra y a nuestros hijos.

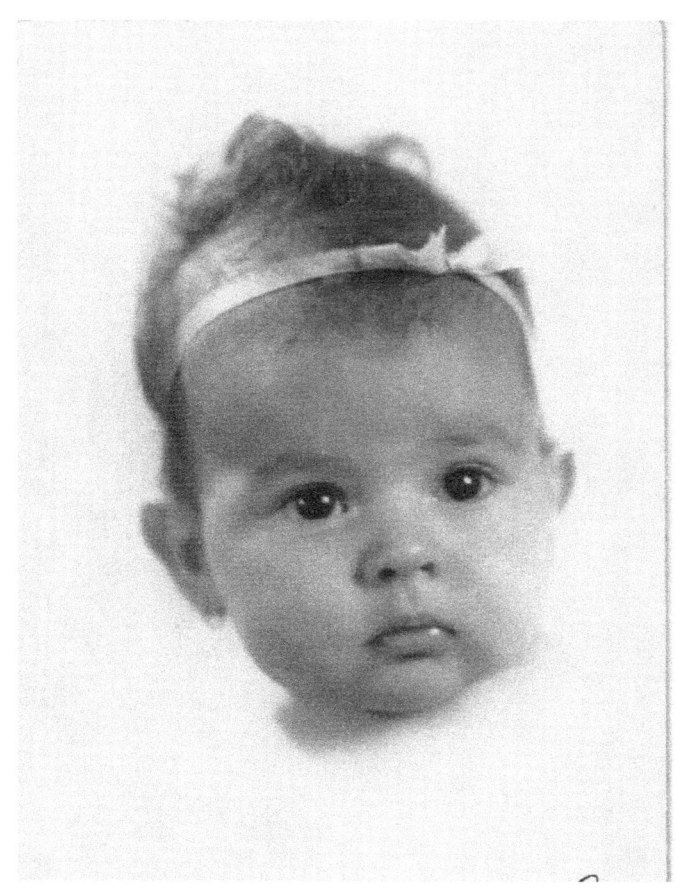

Yo {Rina} a los 2 meses

Prepara Bien tu Destino
Para Rinita

Queens, New York, 3 de abril, del 1956

¡ Niña que de muy temprano,
Comienzas tu trajinar ¡
No olvides hay que estudiar
Coge los libros en la mano.

Prepara bien tu destino;
No temas el preguntar,
No sin antes saludar;
El colegio es tu camino.

Maestros; libros divinos
Puedes siempre consultar;
Pues niña el buen camino
Ellos te van a enseñar.

Y puedas feliz estar;
Prepara bien tu destino.

Iluso Corazón
Dialogo de una ventana

Queen, New York, 8 de abril, del 1956

¡Que iluso tu, corazón!
Mírame a mi soy ventana;
Más; no pienso que mañana
Llegara aquí un avión

Yo lo escucho es el clamor
Y no se que voy hacer;
Porque se que esa mujer,
No ha sido nunca aviador.

Y al contemplar mi dolor,
Lo tengo que entretener;
Y así, sigo la ilusión:

¿Escuchas? ¡Es el motor
Que transporta a tu mujer!
¡Iluso tu, corazón!

"Ventana e Ilusión"
Soneto

Queen, New York, 8 de abril, del 1956

Ventana: que por ti miro
La nieve en copos caer;
Se me escapan los suspiros,
Por mis hijos y mi mujer.

Ventana: si ves caer
Unas gotas de roció
Son gotas del llanto mió
Que no puedo contener.

Ventana: yo por doquier,
Veo siempre un avión
Que agita mi corazón,

No me puedo contener
Porque pienso: es mi mujer
Con mis hijos al timón.

Nuestro querido hermano Manuel {fallecido}

A Manuel
Soneto

Queen, New York, 15 de abril, del 1956

En mi casa cual vergel,
Tengo mis más preciosos tesoros,
Cinco hijos; que yo adoro
Y entre ellos a Manuel.

Hoy; mí querido Manuel
Quiero en esta poesía,
Aclarar que aunque García
No serás tú, como aquel.

Serás siempre nuestro 'Rey".
Triunfaras; serás buen tipo,
Serás un hombre de ley
Con fama y sabiduría.

Eres, Manuel González García
González, como tu Pipo.

Mi primer cumpleaños con Flora, Mima y Pipo

"Recuerdo y Esperanza"
Soneto

Queen, New York, 22 de abril, del 1956

Tristes recuerdos de mis noches tristes
De un pasado tan agudo y sombrío,
Ya mis húmedos ojos no verán tu hastió
Y tu recuerdo, se ira, ¿Porque viniste?

Se que existe un pasado y su amargura;
El cual no me interesa recordar.
Encamino mi vida a otro rumbo
Donde natura me da la luz del celestial.

Retírate recuerdo: ten confianza,
Y si diversas a esa luz veras
Que es blanca y pura, sigue ya tu viaje.
No me des de tu amarga soledad.

Presiento ser feliz; ya amanece.
Dios me ha dado de su sabiduría;
Esa luz blanca y pura que hoy ves
Es la hermosa luz de la esperanza.

*La Virgen de la Caridad del Cobre
Patrona de Cuba*

Albino H. González Montesinos

Madre del Alma Querida

Queens, New York, 29 de abril, del 1956

Hoy virgen de los dolores,
Por ser madre y por ser santa,
Están de fiesta las plantas
Y nos regalan sus flores.

Al conjuro de las flores,
Nuestro pecho, siente amor
Pebetero sin ardor
Incienso de tus dolores.

Porque siempre en los errores,
Al igual que en las victorias;
Luchas, por darnos la gloria,
Cuán valientes gladiador.

Sublime amor, el de madre,
Que con su eterno desvelo,
Nos guía, nos da consuelo,
En unión de nuestro padre.

¡O: - madre abnegada y pura!
En tu tierno siempre amor,
No abrigas nunca un rencor;
Como un dios, desde la altura.

Es tu radiante figura,
De, madre, cual redentor,
Pétalo de hermosa flor,
Que perfuma y no perdura.

Amor Que Perdura

Pero siempre la blancura,
De tu alma, madre mía:
Será, nave, timón, guía
Aunque estés en sepultura.

No hay hijo que a tu partida,
La tristeza no maltrate,
Corazones, por ti laten,
¡Madre del alma querida!

¡Tú serás la preferida!
Y de fiestas estamos hoy;
Aunque poeta no soy
Estas del pecho prendida;

Humilde versos te doy,
¡Madre del alma querida!

Iris del Cielo
Soneto

Queen, New York, 4 de mayo, del 1956

Adorna el hermoso cielo,
Aquel precioso arco iris
Como encanto de este suelo;
Estas tú querida Iris.

Como el cielo, a su arco iris:
Este suelo deja ver,
Tus encantos de mujer;
Que perfumas, amiga Iris.

Si estos versos te redimen:
Versos sanos y sin malicia,
Tan solo te hacen justicia.

Sin que ello sea un crimen;
Como el cielo y su arco iris;
Hoy te verso; amiga Iris.

Amor Que Perdura

Paquita
Soneto

Queen, New York, 4 de mayo, del 1956

Los domingos a la ermita
A rezar por tu Fernando
Vas, te arrodillas pensando,
Mi buena amiga Paquita.

Aunque has perdido la cuenta
De los días por pasar,
Pues no te debes quejar
Ya solo son ciento ochenta.

Mas: - este soneto en bromita,
Bien se te recordara
A tu Fernando que allá,

También piensa en ti Paquita.
O si no: vuelve a la ermita
Y a el te transportaras.

Despedida

Queens, New York, 13 de mayo, del 1956

Siempre has sido despedida
La agonía de las almas,
Mas: hoy sentimientos calma,
Al comienzo de otro día.

Aunque estoy algo aturdido;
A los compañeros quiero rogar,
Que no dejen de estudiar
Para enfrentarse a la vida.

Y así, al enfrentarnos,
Mantendremos fe y confianza,
Porque el pan de la enseñanza
Maestro: no esta perdido.

Porque tu: con sabiduría
Nos, moldeas y preparas:
Cual jardinero regaras
Sus flores todos los días.

Y así: al pasar de los días;
Nos impartas tu enseñanza,
Nos infundes la confianza,
Por tu patria, que es la mía.

Hoy al darles esta prosa,
Maestros y compañeros,
Les doy parte de mi alma
Al despedirme de ustedes.

Y para mis otros hermanos,
Rosas blancas hoy cultivo;
Como la rosa de aquel,
Que nos ofrendo su vida.

Para todos en el Plantel,
Acepten esta despedida
Porque ya pronto nos vamos
A dar comienzo a nuestras vidas.

Albino H. González Montesinos

Por mi Patria y por Martí

Queens, New York, 22 de mayo, del 1956

¡Patria que forjo Martí
Y tantos héroes Cubanos!
¡Sabes! Países hermanos;
La quisieran para si.

Le adoran con frenesí
¡Sublime escena poética!
Se casan con el político,
Sin recordar a sus héroes.

Para ellos es Martí:
Su faro de hermosa luz;
No lo ponen en la cruz,
Para trepar por ahí.

Deportado nuestro aludir
Después de cumplir cadena,
Con pesada y cruel cadena
Lo mandaron a Madrid.

Veneran ¡O! Cuba a Martí
Su hidalguía, su heroísmo;
El creyó en el patriotismo,
Hermosa herencia, por ti.

Pero Cuba, - no ha sido así
Y me entristece el relato,
La patria: - es de unos cuantos,
No como dijera Martí.

Publicado por Rina A González

Por sus doctrina y por ti;
Combatió siempre con brío
Hasta que cayó en "Dos Ríos"
Como tantos: - otro Mambí.

Por eso hoy desde aquí,
Distante de tus riveras
Pienso más en mi bandera
Y quiero más a Martí.

Gobierno: - que esta ahí
¡Y a Cuba debes amar!
No olvides aquel Mambí
Que en el mundo es inmortal.

La Patria es Ara, no pedestal
Cual lo dijera Martí.

Verso en una postal

Queen, New York, 23 de mayo del 1956

Mi alma apasionada y conmovida
Mira un rosal de florecerse sabios…
Nada tendrían que pedir mis labios
Si mas cerca estuvieras en mi vida.

Albino H. González Montesinos
1916 ~ 1958

"Ansiedad "

Queen, New York, 23, de mayo del 1956

Y yo al ver esta postal: que conmoviste
Por tan hermoso verso: hecho por un sabio,
Te daría mil besos en los labios…
Y así: eternamente amarnos en la vida.

Por esta cruel ausencia que nos da la vida
No podemos realizar la ansiedad de nuestros labios…
Imploremos al Señor que es nuestro sabio;
Para que seamos felices y nunca estemos tristes.

Esta postal sin firmar; por lo aturdido
Y que firmaras tú, por ser su autora
Es para recordarnos los besos que te he de dar;
Los cuales guardo, como dulce relicario.

Verso que hemos de recordar
Através de toda nuestra vida;
¡Por ser amante de poemas sabios
Como te he amado y amare, a ti, mi consentida!

*Foto de la portado
Pipo y Mima cuando Mima solo tenia 14 años de edad
junto a su fiel perra, Beauty.*

Mima, de compras por La Habana

*Foto de la boda de nuestros padres
El día 20 de diciembre, del 1941*

"Romance"
Soneto

Queens, New York, 15 del julio del 1956

Romance: - Flor de fragancia
Elocuente testigo de mi amor...
Olimpo de hermosa flor,
Pebetero de mis ansias.

Te sueño desde mi infancia
Cuál poeta inspirador...
Éxtasis embriagador
Que sostiene mi quebranto.

Mis sueños; Amor y creencia
De príncipe enamorado...
Temerario, audaz y raudo
Que lucha con los encantos;

Por tantos sueños dorados
Romance; - Serás la esencia
De la escena de mis noches.
De las noches de mis penas.

Para más información sobre las obras literarias de Rina A González, favor de visitar sus páginas Web al:

http://www.angelicgoddesses.com

¡Gracias¡

www.ingramcontent.com/pod-product-compliance
Lightning Source LLC
Chambersburg PA
CBHW060418050426
42449CB00009B/2014